La Chica con el Corazón Roto: poesías, pensamientos y frases motivacionales de un alma resiliente

Sofia Fernandez

Printed in the United States of America.

ISBN – Paperback: **978 1803627267**

First Edition: Marz 2023

Sofia Fernandez

Table of Contents

Features

Specials

Sofia Fernandez

6

"Las cicatrices del corazón son testimonios de mi valentía para amar de nuevo."

Sofia Fernandez

"El amor perdido no define mi valía mi capacidad de amar de nuevo si lo hace."

ME DEBO LA MAYOR DE LAS
DISCULPAS
POR AGUANTAR

lo que no merecía

Sofia Fernandez

*Habría bastado un
solo gesto*

Antes estabas tú, antes estaba yo,

Antes estabas tú, antes estaba yo,
una niña despreocupada, sueños al viento.
Pero la vida, como un río en descenso,
nos unió en un nosotros, todo perfecto e intenso.

Hubo un tiempo en que éramos nosotros,
un conjunto de corazones, sueños y ¿luego?
Ahora estoy yo, más fuerte que antes,
un espíritu renovado, un alma.

La despreocupación ha crecido, pero no se ha perdido,
he aprendido la fuerza, la vida es una carrera.
Antes y despúes, en mi historia dibujada,
está la resiliencia, la fuerza recuperada.

Sofia Fernandez

Cada final marca el comienzo de una nueva posibilidad. No permitas que el pasado defina tu futuro.

Poesia viva

Si el camino es escarpado, camina con coraje,
cada paso es un pilar de tu viaje.
Sé el pintor de tu lienzo, el arquitecto de tu destino,
en el lienzo de la vida, sé tu mejor diseño.

Cada día es un capítulo, cada sonrisa una victoria,
en tu historia, escribe con pasión y gloria.
Bajo el cielo abierto, donde la aventura florece,
eres la poesía viva, el alma que rejuvenece.

Sofia Fernandez

No Puedo

No puedo vivir contigo...

No puedo vivir sin ti...

Son dos afirmaciones opuestas

Como nuestras almas, como nuestros caminos

No habrá otras certezas,

Ni otras caricias,

solo otras preguntas e interrogantes

que no tendrán respuestas.

La Sombra

No temas la sombra que el pasado dibuja,
eres el arquitecto de tu mañana, el alma que enseña.
Sobre las alas de los sueños, surca el cielo abierto,
sé el capitán de tu barco, tu puerto.

Las estrellas en la oscuridad son promesas de esperanza,
enfrenta cada tormenta con ardiente confianza.
En el canto del corazón, encontrarás tu melodía,
la poesía de la vida, tu historia preciosa.

Si el camino es escarpado, camina con coraje,
cada paso es un pilar de tu viaje.
Sé la Pintora de tu lienzo, la arquitecta de tu destino,
en el lienzo de la vida, sé tu mejor diseño

Sofia Fernandez

En el cálido abrazo de la mañana, el aroma del café baila
sutil,
como un recuerdo antiguo, un destino,
regresas a mí, dulce y sutil.

La cafetera canta tu melodía,
lentamente el café danza en el aire,
memorias despertadas, el alma se eleva,
en el éxtasis de una historia rara.

Y como notas de una canción antigua,
tu voz resuena en mi mente,
una emoción que crece, que se intensifica,
un dulce regreso, siempre presente.

Y así, entre la cafetera y la melodía,
se enciende un fuego en mi alma,
recuerdos y emociones se funden,
como una poesía que el amor toca.

Y vuelves a mi mente cuando percibo el aroma del café
que sale lentamente de la cafetera,
Y vuelves a mi mente cuando escucho esa canción,
mi alma se enciende,
y se enciende una emoción

Amor es como una semilla que, incluso después de la tormenta más feroz, encuentra la fuerza para brotar y brillar en la luz de un nuevo amanecer

Sofia Fernandez

Tu Eres Especial

Tú eres especial,
trata de recordarlo siempre,
incluso cuando parece
que nadie lo note lo suficiente,
que no se te dé
la importancia adecuada.

Tú eres especial,
guardián de estrellas en noches encantadas.
Cuando la sombra intenta oscurecer tu luz,
recuerda, eres la melodía de un arpa dulce.

Los Recuerdos

Los recuerdos son como fotografías
A veces se desvanecen,
Se pierden en el fondo de un cajón
Pero a veces basta poco para que vuelvan a la mente

El tiempo pasa
La gente miente y finge estar bien
Sonriendo, como en el final de las fotografías
Que ya no quisieras volver a ver

Las fotografías de la vida, un álbum de emociones,
florecen en la sonrisa y en la ilusión.
Pero el tiempo revela la verdad oculta,
entre líneas de las historias que la gente cuenta.

Sofia Fernandez

Fotografias

A veces miro nuestras fotografías y desearía detener el
tiempo,
en ese momento todo era perfecto
yo era feliz, tú eras feliz.

Te tenía a ti,
tenía todo.
Tú eras yo,
tú eras todo.

Te tenía a ti, tenía todo el cielo estrellado,
eras mi reflejo, nuestro vínculo encantado.
En esos retratos de días interminables,
tú eras todo lo que deseaba, mi límite.

Pero el tiempo escapa, un río inexorable,
las fotografías son solo fragmentos inestables.
Sin embargo, en el corazón, ese recuerdo persiste,
ese instante perfecto, un amor que persiste.

En los días grises, tú eres el rayo de sol,
el rocío que acaricia el césped con dulces palabras.
Nunca dejes de creer en ti misma,
eres la artista de un lienzo en continua belleza.

Aunque el mundo pueda parecer distante,
tu esencia es un faro, brillante y constante.
Cuando el silencio alrededor parece mudo,
tú eres la poesía en cada minuto.

Sofia Fernandez

Necesito renacer
Necesito sentirme viva
Siento la necesidad de ti
De tenerte aquí a mi lado
Pero en realidad, tengo una desesperada necesidad de mí
misma

En la desesperada necesidad de mí misma, encontraré la
fuerza,
como una flor que florece, sin remordimientos.
Necesito despertar mi esencia,
de encontrarme a mí misma, con nueva coherencia.

Volar

Contigo aprendí a volar alto,
como alas ligeras en un cielo vasto.
La embriaguez del bien, sabor dulce,
pero luego desapareciste, como un suspiro de despedida.

De ti tomé vuelo, en el cielo de emociones,
pero ahora me quedo sola, entre cenizas e ilusiones.
Te ruego, enciende de nuevo ese fuego de aire,
no me dejes caer, en este oscuro valle solitario.

Me ahogo en los recuerdos, te extraño, lo siento,
como un mar profundo, tu viento ausente.
Soy ceniza sin tu calor,
te necesito, tu regreso, mi corazón.

Déjame volar de nuevo, en el azul del deseo,
no me dejes sola, en la oscuridad de este invierno.
Tu ausencia me hace ahogar,
te extraño, tú, la esencia de mi eternidad.

Sofia Fernandez

Que Seria

A veces el "qué sería" danza en los pensamientos,
un sueño interrumpido, entre susurros y misterios.
A veces lo verdadero entre nosotros es una sombra
inquieta,
todavía pienso en ti, como una melodía incompleta.

En esos momentos de reflexión, te vuelvo a pensar,
un nudo en el corazón, un deseo intenso.
Me pregunto cuándo el pasado dejará de llamar,
cómo podré olvidar, cómo podré partir.

Pero en el eco de estos "a veces" encontraré,
la fuerza para pasar la página, para seguir adelante.
Y tal vez, con el tiempo, el recuerdo se desvanecerá,
y en los pensamientos, nuevas sonrisas florecerán.

Parte De Mi

Tú que eras parte de mí
Ahora vuelvo a mí misma
Tú que estabas conmigo y ahora Ya no estás
Eres como palabras nunca susurradas,
Que se quedan dentro de ti
Que te hacen daño
Y tienes ganas de revivir esos días
Pero esos días han pasado,
y solo quedarás vivo en mis recuerdos.

Sofia Fernandez

La vida es extraña,
Te enamoras de un desconocido,
de alguien que probablemente nunca te hubiera gustado
La vida es extraña
No perdona el más mínimo error
Como aquel que primero te seduce y luego te abandona.

La vida es extraña,
Te enamoras de un desconocido,
de alguien que probablemente nunca te hubiera gustado
La vida es extraña
No perdona el más mínimo error
Como aquel que primero te seduce y luego te abandona.

La Luna

Bajo el cielo estrellado, tú y yo junto a la Luna,
un instante en el que la distancia se desvanece.
Los kilómetros no importan, ni la vastedad,
al observar la Luna, hay conexión y verdad.

Miramos el mismo satélite, tú y yo,
a pesar de la distancia, siento tu calor tan cerca.
Como si la Luna, cómplice y confidente,
nos acercara, a pesar de la infinita corriente.

Me gusta mirar la Luna, pensando en ti,
una imagen compartida, dulce y fiel.
Entre los kilómetros, la distancia desaparece,
en el abrazo lunar, nuestro amor flota en el aire.

Y si ambos miráramos la Luna
En el Mismo Día, a la Misma Hora
Veríamos por un instante la misma imagen
El Mismo Escenario.

Sofia Fernandez

Cuando la nostalgia surge,
abrázame fuerte.
Cuando hace frío y sopla fuerte el viento,
abrázame fuerte.
No necesito que me digas mucho,
solo necesito sentirte a mi lado.
Sentir tu respiración cerca,
me da la fuerza para continuar el camino
de Mi Camino.

La vida es demasiado corta.

La Esperanza no tiene vida eterna.

Mientras haya vida

Mientras haya un corazón que late

Hay una historia que aún no ha terminado.

Sofia Fernandez

A veces tengo la impresión

De sentirme sola incluso entre la multitud,

Que se camina para no quedarse quieto

Que se nada para no ahogarse

Que se está junto por miedo a estar solo

Que se vive juntos

Pero se muere solos.

Nuestra historia era música
Nuestra historia era mágica
Ahora solo escucho un ruido
Es el eco de tus palabras, de las mías
Aquellas no dichas, pero susurradas dentro
Nuestra historia ha pasado
Y la magia por encanto ha sido rota.

Sofia Fernandez

Tú eras un desconocido
Te convertiste en mi mundo,
mi Todo
Ahora solo eres un recuerdo
Espero que algún día
Te disuelvas y no seas
Ni siquiera eso.

No puedo vivir contigo
No puedo vivir sin ti
A veces me siento mal cuando nos separamos
No a veces, siempre
Fingo estar bien, me miento a mí misma
He agotado las respuestas
Las cosas a veces suceden sin razón
Probablemente no te importa
Pero sin ti, yo no vivo.

Sofia Fernandez

Sombras y silencios

En el silencio del amor difunto,
eco de risas ahora desvanecidas.
Las estrellas en nuestro cielo apagado,
miran desde lejos, mudas testigos.

Entre las sombras de nuestra historia,
un amor que ha perdido el rumbo.
En la oscuridad del adiós, buscando luz,
solo quedan recuerdos para llorar.

En las orillas del amor roto
las olas del arrepentimiento.
El naufragio de nuestros sueños
nuestros corazones ahora separados

Navegan solos y lejos
En un mar agitado
De una Noche Tormentosa
Como dos coordenadas que no
Coinciden.

Sofia Fernandez

El Tiempo

En la vorágine del tiempo, me gustaría detener
las manecillas del reloj, girarlas hacia atrás.
Revivir aquellos momentos, dulces y perdidos,
con el amor que se entrometió en los recuerdos.

En alas de la nostalgia, el corazón viaja
entre risas y miradas, alegrías sin recompensa.
Quisiera capturar el latido de esos momentos,
en el cáliz de los días, preciosos y vibrantes.

Detener el tiempo, como una fotografía suspendida,
Para volver a esos lugares, donde pesa el amor.
Por los caminos del pasado, caminando juntos,
en la llamada del corazón, en su dulce régimen.

Las estaciones fluyen, inexorables, rápidas,
Quisiera detener el tiempo, en un abrazo intrépido.
Volver a sentir el calor de aquellos besos,
en la danza de la eternidad, sin ambigüedad.

Pero el tiempo es un río que fluye implacable,
y nosotros, como hojas, arrastrados por su ley.
Sólo queda el deseo de un regreso,
una llamada que en el alma da vueltas.

Así, en el fluir del reloj, suspendido,

vivo en el sueño de ese tiempo, encendido.
Y mientras el presente avanza
en el corazón atesoro aquel pasado, amante eterno.

Sofia Fernandez

En el crepúsculo de un amor desvanecido,
sombras de un pasado que se desvanece.
Nuestros corazones, hojas caídas del
otoño
una historia de amor, ahora terminada

Sofia Fernandez

Entre las líneas de un amor perdido
como páginas de un libro descolorido.
Un capítulo de segunda mano que cerrar,
un corazón roto que volver a poner en su
sitio.

En el jardín de nuestros sentimientos,
flores marchitas, una dulce amargura.
Las risas que antes bailaban
ahora se han convertido en silencio.

Sofia Fernandez

En las páginas amarillentas del pasado
nuestra historia traza un camino.
Capítulos de amor, dulce y amargo,
ahora se cierran con un punto final.
Y oigo el viento golpear con fuerza
Un ruido torvo como en una tormenta
Y me siento cada vez más solo
Sin nadie que me consuele y es
En ese momento me asalta la nostalgia

A orillas del río de los recuerdos
el amor fluye, pero la corriente cambia.
Los abrazos se convierten en distancias,
las palabras pierden su significado.

Sofia Fernandez

En el crepúsculo de nuestros sueños compartidos
la sombra del adiós se alarga lentamente.
El sol del amor se pone en silencio
dejando tras de sí un cielo nocturno

Entre los pliegues de nuestro destino
un amor perdido en el laberinto.
Los caminos que una vez recorrimos
están ahora entrecruzados por barreras invisibles.

Sofia Fernandez

Por los escalones de la despedida ascendemos
descendiendo lentamente de las cumbres.
La montaña del amor, ahora una pendiente
que nos separa con dulce amargura.
Contigo estuve en la cumbre,
estaba bien y mirábamos el mundo desde arriba
Ahora solo siento el asfalto
De un camino vacío que recorro solo.

Entre las estrellas de nuestro cielo
una constelación se desmorona.
Promesas como polvo cósmico,
dispersas en el infinito del olvido.
Nuestro amor se ha perdido,
esa llama se ha apagado
Lo que más me asusta
Es saber que ya no serás parte de mi Universo.

Sofia Fernandez

Ojalá pudiera detener el tiempo,
Pero El Tiempo No Puede Detenerse;
Sólo para revivir esos momentos,
esos momentos, vividos contigo.
Pero el Tiempo no puede ser detenido,
y todo fluye inexorablemente,
como tú que ya no formas parte
de Mi Presente.

En el crepúsculo de nuestro amor eterno,
las sombras se alargan, abrazando el
ocaso.
La melodía de nuestros corazones, ahora
silenciosa
Bajo el peso de palabras no dichas,
de promesas hechas y no cumplidas,
De momentos vividos juntos que como el
tiempo,
nunca pueden volver

Sofia Fernandez

En el libro del corazón, una página cerrada,
la historia del amor, un sueño desvanecido.
Bajo el cielo del atardecer, estrellas confusas
hablan de un lazo que ya no existe.
Era nuestro tiempo, una armonía perfecta,
donde la risa bailaba en el aire ligero,
Pero el amor, como las hojas, apenas cayó, dejando
el corazón envuelto en un triste manantial

En las noches de insomnio, el corazón herido suspira,
canta melodías de un amor que se fue,
las lágrimas, compañeras secretas de la soledad, trazan en
el rostro la historia del fin.

Las estrellas, testigos silenciosos de un destino,
ven al corazón recoger cada fragmento, mientras el viento,
cómplice de su tormento,
se lleva el dolor en una experiencia oscura.

Así, entre las noches en vela y la luz de la mañana,
la historia de amor terminada encuentra un epílogo,
un capítulo que se cierra,
un nuevo comienzo,
donde el corazón aprende a vivir,
 a volver a ser pintor.

Sofia Fernandez

La Niña

Así la niña, en su historia rota,
encuentra la fuerza para renacer de cada quebranto,
en alas de la esperanza, su alma encanta,
y escribe nuevos capítulos de amor y aventura.

Camina entre las ruinas de su ayer, la niña,
con su corazón aún ligero, recoge los fragmentos, cada pieza
de misterio,
y en sus ojos se refleja el sol naciente.

Y así, la muchacha, con su corazón ahora firme,
teje su destino en nuevos enredos,
en las páginas en blanco de su historia de amor, pintando el
futuro con colores frescos y ricos.

Ojalá pudiera sentirte a mi lado,
Ojalá pudiera oler tu perfume,
tu voz,
El sonido de tus pasos.
Pero lo único que siento
es el dolor de tu ausencia

Sofia Fernandez

El Amor que siento por Ti,
ni siquiera lo sentía por mí,
Lástima que estabas demasiado ocupado
amándote a ti mismo
Para notar todas mis renuncias,
De mis esperanzas
Y de todos esos Sueños que tuve,
Y que ahora están destrozados.

Todo está en silencio entre nosotros,
Sin Ruido, Sin Esperanza.
Antes Había Infinidad De Sonidos
Pero Ahora, Todo Es Silencio Entre Nosotros.

Ninguna Palabra, Ningún Mensaje
Estoy Solo Ante Un Paisaje Triste
No oigo nada, porque
Todo Es Silencio Entre Nosotros.

Sofia Fernandez

Silencio

En el denso silencio entre nosotros
ningún eco, ninguna esperanza.
Primero, un universo sonoro,
ahora, un silencio que avanza.

Sin palabras, sin señales,
solo frente a un paisaje gris.
Sin mensaje, sin llamada,
el silencio envuelve cada uno de mis pensamientos.

El vacío es el único compañero
entre las palabras nunca dichas.
El triste paisaje se pinta
en la mudez de cada frase perdida.

Pero en este silencio, una invitación
a buscar el lenguaje del alma.
Tal vez en ese silencio encontremos
la melodía de un amor que trasciende.

Y así, entre los pliegues del silencio
brota una poesía muda.
Donde la ausencia de sonido se transforma
en un diálogo entre corazones, persistente

Bajo la sombra del amor perdido

En el abismo de un corazón roto,
donde las promesas se funden en lágrimas,
el amor perdido baila como una sombra
en un mundo de despedidas y sueños a medio recordar.

Bajo el cielo gris de la melancolía
los recuerdos arden como llamas mudas
entre los pliegues del alma herida,
el sufrimiento se entrelaza, sordo y agudo.

El tiempo se funde en un presente eterno
donde el dolor es una canción sin fin,
las emociones esculpen el silencio,
en esta danza de corazones en declive.

Pero entre las ruinas del amor perdido
se abre un resquicio de renacimiento,
como una flor entre los escombros,
brota la esperanza, aunque derrotada.

Sofia Fernandez

Lamento de amor

En el caleidoscopio de los días desaparecidos
el sufrimiento se eleva como un lamento
un arpa de corazones rotos toca
en el teatro de sombras de un amor desvanecido.

Las lágrimas fluyen como ríos salados
trazando caminos sobre la piel del alma,
bajo el peso de las promesas rotas,
el amor se disuelve, como arena a merced del viento.

Las palabras no dichas flotan en el éter,
como fantasmas de emociones reprimidas,
en el crepúsculo del afecto traicionado,
el drama se consume, sin promesas.

Sin embargo, en el lamento del amor herido
hay una melodía que busca la redención,
el sufrimiento se convierte en poesía,
en el abismo del alma, un nuevo contrato.

Entre las sombras de un corazón roto

Bajo el arco de un cielo gris de invierno
una chica enamorada, con el corazón desgarrado.
Su mirada, una ventana a un dolor interior,
en los pliegues del amor, un pasado esculpido.

Entre sus dedos, fragmentos de promesas dispersas,
como pétalos caídos de una flor marchita,
el corazón roto, eco de dulces esperanzas,
en una triste danza, una armonía perdida.

En el silencio de la noche, un gemido grave,
una orquesta de sentimientos disonantes,
sueños rotos, como cristales en el suelo,
la chica enamorada, bailando en el sufrimiento.

Tras la pista de un amor desvanecido
navega por el océano de los recuerdos rotos,
sus ojos, estrellas llorando en la oscuridad,
entre las sombras de un corazón que estuvo enamorado.

Sofia Fernandez

Sofia Fernandez

El ballet de un corazón atormentado

En el escenario del amor, una chica solitaria,
con el corazón roto, un baile sin garbo.
Se levanta el telón sobre un pasado de melodía,
mientras los sueños se desmoronan, se derrumban.

Sobre las notas tristes de un vals de despedida,
promesas, un eco en el silencio de la habitación,
la chica enamorada, una flor herida,
pétalos caídos en un torbellino de esperanzas perdidas.

Lágrimas, gotas de lluvia en la escena,
acompañan su ballet de dolor,
los recuerdos, bailan como sombras fantasmas,
en el corazón roto, una orquesta de suspiros.

Su cuerpo se mueve entre las sombras del encanto,
una armonía de tristeza, majestuosa y afligida,
los pasos marcan la coreografía del abandono,
mientras el escenario se tiñe de los colores del tormento.

Sin embargo, en el drama de un corazón roto
existe la promesa de una resurrección,
una esperanza que germina en las grietas,
como un rayo de luz en la oscuridad de su ser.

Así, la chica enamorada, en el ballet de su dolor,

encuentra la fuerza para empezar de nuevo, para
reescribir la escena,
y mientras se cierra el telón de un capítulo doloroso,
se abre el nuevo acto de un amor aún por inventar.

La Chica del Corazón Roto

encuentra la fuerza para empezar de nuevo, para
reescribir la escena,
y mientras se cierra el telón de un capítulo doloroso,
se abre el nuevo acto de un amor aún por inventar.

Sofia Fernandez

En el eco de un amor que se ha desvanecido,
la chica llora, su corazón partido y herido.
Una historia de amor que llegó a su fin,
dejando atrás recuerdos que se deslizan como un latigazo
en la piel.

En las noches solitarias, sus lágrimas fluyen,
recordando los momentos de felicidad que ya no son sus
amigos.
Se aferra a la esperanza de un futuro mejor,
mientras su alma se cura de un amor que ya no tiene
valor.

Cada palabra, cada promesa, ahora se desvanece,
en el desgarrador silencio, solo ella parece entender.
Pero en su dolor, encuentra fuerza para sanar,
y mientras el tiempo pasa, su corazón vuelva a empezar a
brillar.

Porque aunque el amor se haya ido, ella sigue aquí,
aprendiendo a amarse a sí misma y a brillar con su propia
luz.
Su historia de amor puede haber llegado a su final,
pero su corazón roto encontrará la fuerza para sanar y
renacer, al final.

Luz en la tormenta

En la tormenta del alma, espesa y oscura,
una luz vacilante, sola y pura.
Como un faro en el océano del tormento,
ilumina el abismo de los pensamientos dolorosos.

Entre las nubes grises de un cielo angustiado,
una luz tenue, tímida pero invencible.
Brilla como un rayo perdido,
En la danza silenciosa de una vida.

Tú fuiste mi Luz
Iluminando la grisura de mi Vida,
Que con una sola sonrisa, emanaba Calor,
Calentando mi frío Corazón

Fuiste una Luz en la Tormenta
Iluminándome,
En el Aburrimiento de la Monotonía,
Y me susurraste,
Palabras que resonaban en mi Corazón,
Y lentamente se desvanecen,
Se desvanecen como una luz que se apaga
Dejando las sombras de la Muerte de un alma.

Sofia Fernandez

El Eco de un corazon Roto

En el eco de un corazón roto, un lamento,
resuenan notas tristes en el firmamento.
Promesas dispersas se reflejan
como reflejos en un espejo de abandono.

El eco, una canción perdida en el aire,
en los pliegues del dolor, sin escapatoria.
Sólo el silencio responde, frío y amargo,
en el abismo de un amor demasiado raro.

Pero en el eco, tal vez, hay un susurro,
una llamada a escapar de la oscuridad.
El corazón roto puede resonar de nuevo,
como una armonía en busca de un amanecer.

Un Amor En(Terminado)

Entre las páginas de un amor en (Terminado),
se desarrolla la historia, un drama escrito.
Era una epopeya de sueños sin fin,
ahora el corazón canta notas perdidas.

El horizonte prometía eternidad
como el cielo estrellado en la serenidad.
Pero las estrellas ahora están ocultas,
el destino ha dejado su coste.

Era el aliento de un amor sin fin,
ahora sopla el viento, frío y maligno.
Las promesas se desvanecen, como la niebla en la
mañana,
el amor en (Finito) dice su destino.

Las palabras una vez sonaron como poesía
ahora se pierden en el eco de un corazón que llora.
Las lágrimas hablan de una despedida sentida,
en el amargo epílogo de un amor en (Finito).

En el silencio, las cicatrices cuentan historias
de emociones que fueron, ahora recuerdo.
El amor se desmorona como arena entre los dedos,
un epílogo que borra promesas interminables.

Pero en el (Terminado), tal vez, acecha un nuevo comienzo,
una trama aún por escribir, una fábula.
Y mientras el corazón se cura de sus heridas
se cuela un nuevo amor, delicado e infinito.

Sofia Fernandez

Teorema sobre el Amor:

Nunca se me dieron bien las matemáticas
Entre Esos Números Mi Fatiga,
Equilibrios Complejos y Geometrías Abstractas
Son difíciles de recordar

Pero el Tiempo, Matemático Implacable,
Y puedo contar Las Horas,
Los Minutos, Los Segundos
Desde la última vez que nuestras almas
Se han rozado antes De Nuestro trágico destino.

Estar

Recuerda ser tú mismo
aunque a veces no sea fácil
y te sientas hecho pedazos
y te sientas frágil, hecho añicos como un cristal.

Recuerda ser tú mismo,
incluso cuando te sientas solo y perdido.
Melodía lejana, acordeón en tu corazón,
usado, tocado, tirado en un cajón.

Recuerda ser tú mismo,
Como una flor salvaje en el viento.
Incluso cuando la melancolía es tangible,
eres el artista de tu momento.

Recuerda ser tú mismo,
incluso cuando el mundo parece un laberinto.
En la soledad, en la fragilidad,
tú eres la clave, el principio ardiente.

Sofia Fernandez

Si Fueras ...

Si fueras un viento serías Mistral,
Si fueras una estrella serías Sirio,
Si fueras una constelación, serías Orión.
Si fueras un Signo del Zodiaco serías Escorpio
Si fueras una Montaña, serías el Everest
Si fueras un Planeta, serías Júpiter
Si aún fueras Mío
Serías Mi Universo

Remember

Recuerda,
Tú eres la persona más importante
en tu vida,
Otros vienen y van, hacen su aparición
pero tú sigues siendo
el protagonista principal.

El Cielo

Bajo el cielo estrellado de tu alma
donde el amor se desvanece como un antiguo escalón.
Levántate, oh niña valiente y fuerte
tu luz interior es la llave, tu fortuna.

Después de la lluvia, volverá a salir el sol
encontrarás la fuerza, el amor volverá.
Entre los fragmentos de un amor que salió mal
encontrarás la belleza de un nuevo puerto.

Escarba en tu interior, encuentra de nuevo tu sonrisa,
el camino del renacimiento es un paraíso.
Deja el pasado, iza las velas,
te encontrarás a ti mismo, entre cielos y estrellas.

Sé audaz, como el viento en tu pelo,
sonríe al amanecer, borra los sollozos y los gritos.
Redescubre tu esencia, tu verdadero camino,
la vida es un himno, baila con alegría y poesía.

Sofia Fernandez

Amarte a Ti Mismo

Recuerda AMARTE A TI MISMO
igual que amaste a la persona equivocada
Recuerda que debes estar orgulloso de ti mismo
De todo lo que has hecho
De lo que has sufrido,
Que has superado,
Puede que no te haya hecho feliz,
Pero te hizo fuerte,
listo para renacer por segunda vez
Como un Fénix.

I Miss You...

Te echo de menos cada día,
Todas las Horas, Minutos y Segundos
Pero quizás lo que más extraño
Fui Yo Cuando Estaba Contigo
Aquellos Sentimientos,
Esas Emociones
Que me hacían sentir bien
Que nos hacían sentir bien.
Echo de menos el que fui
A tu lado

Sofia Fernandez

Renace, oh espíritu vibrante
en las cenizas de un amor desgarrado.
Tu corazón, un fuego por despertar,
encontrarás fuerza en el arte de volver a empezar.

Nina Guerrera

En medio de las batallas silenciosas de cada día,
una guerrera baila en el vórtice del amanecer.
En la fuerza de su sonrisa brilla una armadura,
un corazón audaz y sin miedo.

Oh niña guerrera, en cada paso tu destino,
en el camino de la vida, eres tu propia alquimista.
Fuerza en cada latido, espíritu que no se doblega,
eres la poesía de una guerrera, fuerte y verdadera.

Sofia Fernandez

En las ruinas de un amor pasado,
levántate, resistente, hacia el anhelado presente.
Ahora, oh niña, recoge tus pedazos,
te encontrarás, entre nuevos reflejos.

Sólo tú sabes por lo que has pasado,
Sólo tú lo que has afrontado,
Ahora, oh niña recoge tus pedazos,
Te encontrarás a ti misma y a alguien que te aprecie.

Fragmentos de Amor

Entre los fragmentos de amor, pasados y destruidos,
te levantas, valiente, en el presente en el que creíste.
Ahora, oh alma, recoge cada jirón,
te encontrarás a ti misma, en los reflejos del nuevo cielo.

Se fuerte y orgullosa de ti misma,
como el viento que agita el bosque.
En tu ascenso, en cada paso
encontrarás la fuerza que será tu único abrazo.

Las heridas del pasado son ahora cicatrices,
mudos testigos de tu valor desafiante.
Avanzas con orgullo, brillas como una estrella,
Siente los latidos de tu corazón
Del amor que sientes por ti
Que martillea.

Sofia Fernandez

Entre Sombras y Silencios

Entre sombras y silencios, revela tu luz,
un alma vibrante, fuerte y profunda.
En la oscuridad, encontrarás la fuerza que te induce
a brillar, a danzar en la orilla.

Las sombras largas cuentan historias pasadas
de días grises y noches sin estrellas.
Pero tú, muchacha, eres arte de sombras,
colores intensos en tus pinceladas rebeldes.

El silencio que te rodea puede parecer frío
Pero tú llevas una melodía en tu corazón.
Serás el eco que rompa todos los nudos,
una canción de fuerza, de pura armonía, de valor.

En el silencio, encuentra tu voz
en las sombras, luce tu luz.
Eres el sol que toca el horizonte,
en la danza del alma, un himno constante.

Sé la melodía en los silencios del destino,
dibuja con tu presencia tu camino.
En medio de sombras y silencios, levántate, irradia,
eres la historia viva, tu poesía.

Mujer fuerte

En la oscuridad del alma, una luz aguarda,
mujer fuerte, brilla tu valor.
Entre las fracturas del pasado, un nuevo amanecer,
recoges los jirones, comienza tu historia.

Las lágrimas en tu corazón, cicatrices de batallas,
pero eres una guerrera, no sólo frágil.
Angustiado, pero no roto, como el viento,
susurro de esperanza, leve movimiento.

Las lágrimas caídas, gotas de resiliencia,
en la trama del dolor, encuentran coherencia.
Cada fragmento es un paso, una renovación
para afrontar la vida con valentía y arrojo.

Levanta tu mirada, mujer valiente,
eres como el ave fénix, resucita, majestuosa.
Angustiada hoy, pero mañana serás fuerza,
una melodía de renacimiento, dulce y sutil.

Entre los escombros, crece la flor del ser,
tu fuerza, tu poder.
Aplastado, pero aún en pie
Sé el sol que sonríe entre las nubes.

Sonríe, mujer, a la vida y a ti misma,
eres la poesía que en la tormenta no se rinde.
En el dolor, descubre tu belleza,
el futuro espera tu renacer con certeza.

Sofia Fernandez

Guerrera

En la danza de las lágrimas, era una artista,
una guerrera que el corazón sabía curar.
En los pliegues del amor, cayó como la niebla,
pero renació, más fuerte, como la sabia aurora.

Ojos que cuentan historias de penurias,
en su esplendor, una nueva poesía.
Se enfrentó a las tormentas, como un barco audaz,
Sobre las olas del dolor, encontró su paz.

Las cicatrices de su corazón, testigos del pasado,
la transformaron en una obra, en un tratado fascinante.
Superó el amor acabado, como una guerrera,
escribió su historia, con fuerza y bandera.

Entre las ruinas del antiguo afecto,
ella se levantó, como una flor imperfecta.
Su sonrisa, un sol radiante
pintó un nuevo comienzo, brillante y vibrante.

Su alma, una armadura de coraje,
bailó como las llamas en un ritual salvaje.
Rechazó la tristeza y abrazó la luz,
la niña-guerrera, una historia de feliz resurrección.

Abraza la Vida

En el corazón de la tormenta, tú eres el viento en calma,
una chica fuerte, un ancla en el tormento.
Los retos no son obstáculos, sino espacios que atravesar,
eres el arte de la resiliencia, una canción en el mar.

Bajo el sol de tu esencia radiante
brillas como una estrella, audaz y vibrante.
Tus sueños son alas que te elevan en vuelo,
eres el guerrero del corazón, el coraje es tu estandarte.

Abraza la vida, baila con los miedos,
eres la poesía de la fuerza, en tus aventuras.
Eres la historia que escribes cada día,
una chica intensa, en el mundo de cada vuelta.

Sofia Fernandez

En los pliegues del destino, bailas con gracia,
valiente muchacha, en cada uno de tus atrevidos
movimientos.
Tus palabras son notas de una fuerte melodía,
eres el eco de una resolución que no tiene consuelo.

Bajo el cielo estrellado de tus sueños
eres el fuego que brilla y resuena en el bosque.
Tus pasos son senderos de determinación
eres la poesía del alma, tu canción.

En cada amanecer renace tu poder,
como el sol naciente, sin resistencia.
Te enfrentas a la vida con ojos de esperanza,
eres la piedra fundamental, la dulce lanza.

Recuerda, niña, eres el corazón de una canción,
una energía sin fin, un regalo, una explosión.
Sé orgullosa de ti misma, en cada aventura,
eres el arte de la vida, tu fuerza es pura

Especial

Tú eres especial,
intenta recordarlo siempre
incluso cuando parezca
que nadie se fija lo suficiente
que no se te da
la importancia adecuada.

Tú eres especial,
guardián de las estrellas en noches de encanto.
Cuando las sombras intenten opacar tu luz
recuerda que eres la melodía de un arpa dulce.

Sofia Fernandez

Dia y Noche

Cada día es un capítulo, cada sonrisa una victoria,
en tu historia, escribes con pasión y gloria.
Bajo el cielo abierto, donde florece la aventura,
eres la poesía viva, el alma rejuvenecedora

En la danza de la existencia, trazas tu camino
cada paso una melodía, un himno al destino.
Bajo el cielo abierto, donde el sol abraza la tierra
Siente el poder del amor, que todas las cosas desatan.

Cada noche abrazando el día
reescribes tu historia con valor y regreso.
Bajo el cielo abierto, donde el tiempo es un aliado
siente el poder de la vida, su palpitar innato.

Despertar

Cada despertar es una nueva página,
en tu historia, escribe con fe y determinación.
Con alas de esperanza, vuela más allá del horizonte,
donde sueños y realidad danzan en perfecta unión.

Cada lágrima tuya es una lluvia regeneradora,
alimenta tu alma, haz florecer tu corazón palpitante.
Bajo el cielo abierto, donde la expectativa es promesa,
tú eres arte, tú eres vida, tú eres tu propia certeza

Sofia Fernandez

No intentes ser siempre especial,
Para ser notado por otros,
Que te quieran, que te aprecien.
Sólo recuerda ser tú mismo,
Y estás bien como eres.

Recuerda siempre .... ¡¡¡Eres hermosa!!!

Ningún dolor es eterno.
Déjalo fluir,
porque el tiempo sanará y volverás a sonreír,
más fuerte que antes.

Si el peso de este dolor te parece insoportable,
recuerda que tu fuerza es mayor que cualquier desafío.
La risa volverá, y será tu victoria.

"

Tu historia no se detiene aquí, lo que estás viviendo ahora es solo un capítulo transitorio. Pronto serás la autora de tu sonrisa radiante.

"

En esos momentos difíciles, el peso que sientes
parece insoportable.
Pero, como las olas que rompen en la orilla, el
dolor disminuye con el tiempo,
dando paso a una nueva calma y serenidad.

Sofia Fernandez

Dolor

La pena que descansa sobre tus hombros es como una
tormenta,
pero debes saber que incluso las tormentas tienen un
final.
Entre las nubes grises
el sol de tu renacimiento espera pacientemente para
volver a brillar.

Tu pena es como un pasaje temporal en un libro
interminable.
Sabe que la trama cambiará, los capítulos obscenos darán
paso a los iluminados.
Lo que estás experimentando ahora es sólo un paso hacia
tu renacimiento.

Cada Dolor es como un tatuaje temporal en tu alma.
Puede parecer indeleble ahora, pero con el paso de los
días se irá desvaneciendo.
La risa que hoy parece tan lejana se convertirá en la
melodía de tu alegría.

El presente puede parecer un oscuro laberinto, pero la luz de la experiencia lo atravesará.
No subestimes tu fuerza.
Pronto mirarás atrás y te reirás de las lágrimas que hoy parecen tan pesadas

Sofia Fernandez

El Corazon Roto

El corazón roto es como un poema triste,
pero cada poema tiene un ritmo que puede cambiar.
Tu corazón aprenderá una nueva melodía
y tu risa será la llave de un capítulo de alegría.

El camino puede parecer intransitable ahora,
pero debes saber que tu resiliencia es una brújula.
No estás perdido, sólo estás recogiendo las piezas de tu
puzzle.
Pronto verás el cuadro completo, y será una obra maestra de
renacimiento.

Sofia Fernandez

La carga que llevas hoy es sólo un capítulo,
no la historia completa.
Como un árbol en invierno, estás preparando tu
renacimiento.
Entre las raíces del dolor crecerán las flores de tu
fuerza interior.

El dolor es como una noche oscura,
pero debes saber que cada noche tiene su
amanecer.
Tu tristeza será el preludio de una alegría más
profunda.
Camina a través de las sombras
porque la luz está esperando para abrazarte.

Sofia Fernandez

Ningún dolor es inútil.
Como la arcilla moldea la vasija,
tu dolor moldeará tu fuerza.
Piensa en ti como en una obra de arte en
evolución,
en la que cada grieta cuenta una historia de
crecimiento.

Noviembre

En la carretera, a medio camino de casa,
Lo siento, mi amor, no quiero estar solo.
Así que, estaré fuera hasta noviembre,
Vayan marcando sus calendarios.

El teléfono sigue sonando, el corazón sigue rompiéndose,
Las lágrimas se mezclan con la lluvia afuera.
Las calles vacías reflejan mi soledad,
En esta noche fría, sin tu calor.

Noviembre avanza con paso pesado,
Las hojas caen, los corazones se desmoronan.
Pero yo, en mi silencioso exilio,
abrigo la esperanza de un regreso, De un nuevo comienzo

95

La fuerza que buscas dentro de ti es mayor que cualquier dolor que hayas experimentado. Serás más fuerte de lo que crees.

96

Tu valor no depende de cómo te haya tratado otra persona. Encuentra tu fuerza en el amor a ti mismo

Sofia Fernandez

Las heridas cicatrizan y, con el tiempo, aprenderás que la felicidad también puede surgir de las cenizas de un amor pasado.

La Chica del corazón roto

En la noche silenciosa, sombras de tristeza la rodean,
La chica con el corazón roto, un mundo que se desmorona
lentamente.
Sus ojos cuentan historias de tristeza muda,
Mientras su corazón llora en profundo silencio.

Sueños que una vez bailaron vivos,
Ahora son fragmentos de promesas rotas.
Risas olvidadas resuenan en el eco del pasado,
Mientras el dolor se convierte en su más castizo
compañero.

Las cicatrices en su piel hablan de batallas perdidas,
Y su alma, un poema de amor perdido.
Su sonrisa rota, una obra de arte dolorosamente bella,
En un mundo que parece haber olvidado el significado de
la blancura.

Pero en su vulnerabilidad, encuentra la fuerza,
La chica con el corazón roto, una obra de arte a merced del
destino.
En cada lágrima, está la fuerza de un nuevo comienzo,
Y en su corazón roto, el poder de un amor sanador.

Sofia Fernandez

Espero que puedas ver a las personas exactamente como son, y no como te las imaginas.

La Solidad

En la quietud de la noche, solo me encuentro,
Las sombras bailan en las paredes, testigos silenciosos
De un amor desvanecido, como hojas llevadas por el
viento
En el frío abrazo de la soledad.

La cama vacía es un mar de recuerdos,
Donde tu aroma se pierde en el eco del pasado.
Las frías sábanas cuentan historias de promesas rotas,
Y el silencio grita tu nombre en la oscuridad.

El tiempo pasa lentamente, como arena entre los dedos,
Mientras el corazón ahogado en dolor, pide clemencia.
La soledad se convierte en una amarga compañera
Que envuelve el alma en un abrazo de escarcha.

Pero en la oscuridad de la noche, una luz susurra
esperanza,
Que la soledad no es eterna, sino sólo un breve pasaje.
Que de las cenizas de un amor acabado, Algo nuevo puede
nacer,
Y que la soledad puede finalmente ceder al calor de un
nuevo amor.

En los pliegues del alma, una nueva fuerza despierta,
Y la soledad, una vez temida, se convierte sólo en un
recuerdo lejano.
Porque incluso en el abismo de la noche más oscura,
siempre hay una estrella dispuesta a iluminar el camino
hacia el renacimiento.

Sofia Fernandez

Algunas personas volverán a tu vida después de haber sido decepcionadas por personas que pensaban que eran mejores que tú....

Déjalos Perder.....

Las cicatrices del pasado son signos de supervivencia, no de debilidad. Cada batalla luchada te ha hecho más fuerte y más sabio. Abraza tu historia, con todas sus cicatrices, y deja que se convierta en la fuente de tu fuerza interior.

Sofia Fernandez

No permitas que el miedo a un nuevo comienzo te detenga. Cada final es también un nuevo comienzo, y cada caída es una oportunidad para resurgir con una comprensión más profunda de ti mismo. Sé amable contigo mismo, y recuerda que eres digno de amor, alegría y felicidad, siempre y en todo momento.

No dejes que el fracaso de una relación empañe tu luz interior. Eres un tesoro valioso, con mucho que ofrecer al mundo y a ti mismo. Enfrenta el futuro con confianza, sabiendo que cada desafío es una oportunidad para crecer y florecer.

Sofia Fernandez

En el corazón de la tormenta, recuerda que eres más
fuerte de lo que crees.
Cada batalla luchada te ha hecho más resiliente y más
sabio.
 Siéntete orgulloso de tu camino y de la persona
extraordinaria que te has convertido,
gracias a tus experiencias y tus desafíos.

Cada momento de dolor contiene la semilla de la
transformación.
Acepta tu dolor como parte integral de tu viaje y deja que
te enseñe las valiosas lecciones que necesitas aprender.
Tu resiliencia y tu fuerza interior serán tu luz en la
oscuridad.

Sofia Fernandez

Aunque el corazón pueda parecer roto,
todavía es capaz de amar y ser amado.
Ábrete al poder del perdón, tanto contigo mismo como con
los demás,
y deja que tu capacidad de amar te guíe hacia un futuro
brillante y lleno de esperanza.

"Vales demasiado como para ser el 'de vez en cuando' de alguien."

Sofia Fernandez

Recuerda que eres la persona más
importante de tu vida...
  Gracias por existir.

"

La mayoría de
nosotros sabe
cómo no decir
nada. Pocos de
nosotros sabemos
cuándo.

"

Sofia Fernandez

El Mar y La Soledad

En la quietud de una noche estrellada,
Una chica solitaria se aventura
En la playa desolada, donde el eco del mar
Canta la melodía de su soledad.

Con los pies descalzos en la arena húmeda,
Ella mira el horizonte infinito, suspirando,
El sonido de las olas rompiendo
Acompaña el latido de su corazón quebrantado.

El mar, con su eterno movimiento,
Cuenta historias de viajes lejanos y secretos ocultos,
Y la chica solitaria escucha atentamente,
En busca de respuestas a sus tormentos.

Así, en la soledad de la noche,
La chica y el mar comparten su dolor,
Pero juntos, encuentran la fuerza para sanar,
Y abrazan el nuevo día con esperanza y amor.

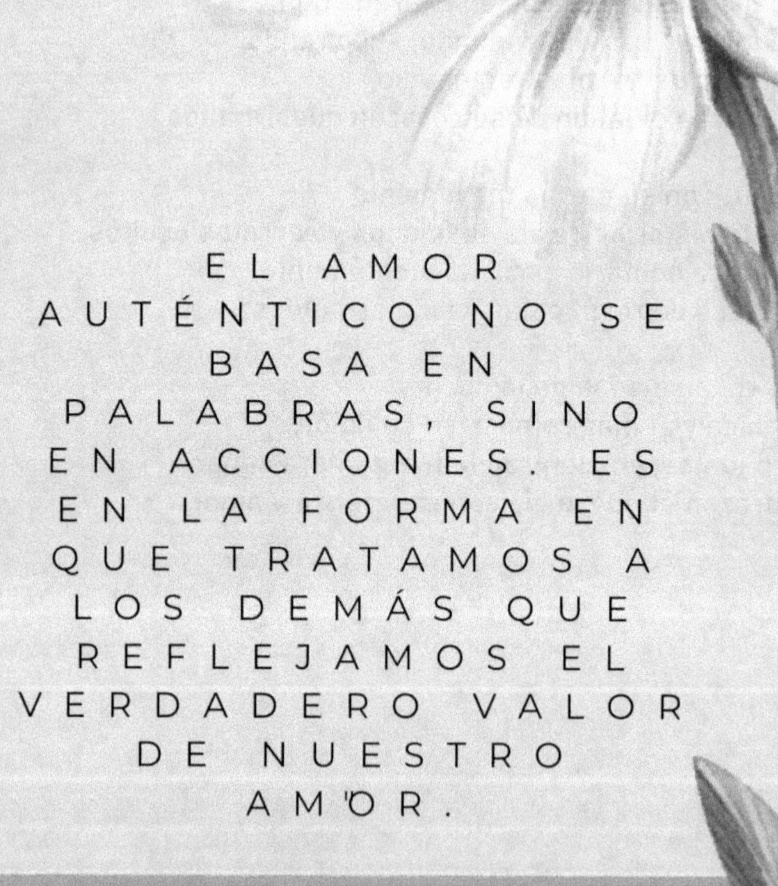
EL AMOR
AUTÉNTICO NO SE
BASA EN
PALABRAS, SINO
EN ACCIONES. ES
EN LA FORMA EN
QUE TRATAMOS A
LOS DEMÁS QUE
REFLEJAMOS EL
VERDADERO VALOR
DE NUESTRO
AMOR.

EMILY J COLLINS

Sofia Fernandez

Solos Juntos

Ahora estamos solos,
Yo aquí, tú allá,
Pero en los lugares que compartimos,
Todavía bailamos juntos,
Cada recuerdo, un reflejo,
De nosotros dos,
Atrapados en la eternidad,
Como estrellas en el cielo nocturno.

Solos Juntos pt 2

Solos juntos, bajo el vasto cielo,
Donde el silencio acuna nuestro abrazo,
Unidos en el dulce susurro del viento,
Nuestros corazones bailan en el tiempo.

En nuestras soledades entrelazadas,
Encuentra refugio el amor, puro y sin fin,
Como dos flores en el árido desierto,
Juntos, solos, en nuestro mundo compartido.

Bajo el manto de estrellas resplandecientes,
Nosotros somos el universo, eternamente presentes,
Solos juntos, en nuestra mágica armonía,
Donde cada instante es una infinita poesía.

Sofia Fernandez

El Amor

está en todas
partes, no puedes
verlo pero puedes
sentirlo."

A veces perder
Lo que se quería salvar
Puede ser la verdadera salvación.

Sofia Fernandez

La única debilidad que tenía, fue amarte.
Probablemente, amarte más que a mí misma.

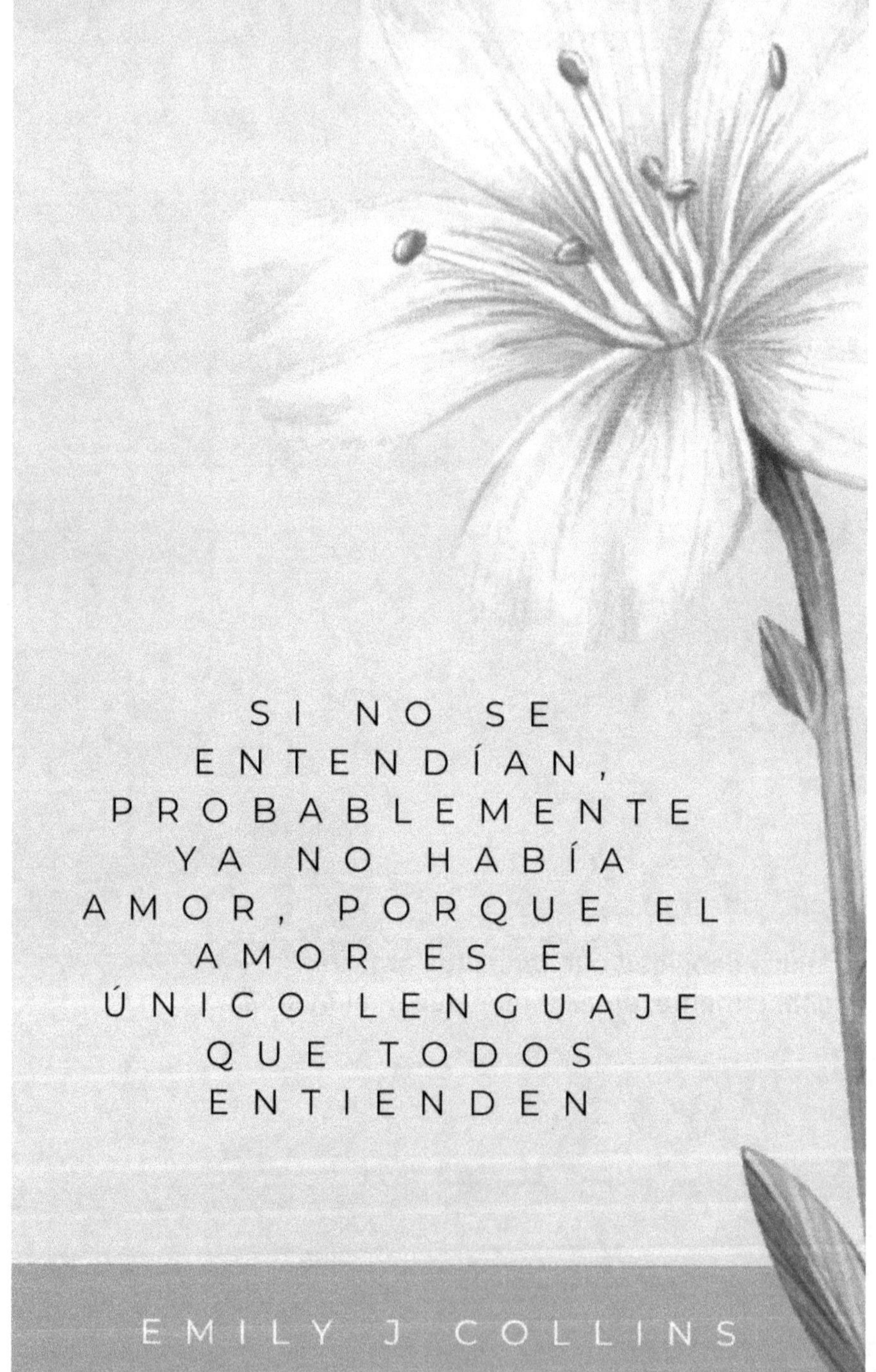
SI NO SE
ENTENDÍAN,
PROBABLEMENTE
YA NO HABÍA
AMOR, PORQUE EL
AMOR ES EL
ÚNICO LENGUAJE
QUE TODOS
ENTIENDEN

EMILY J COLLINS

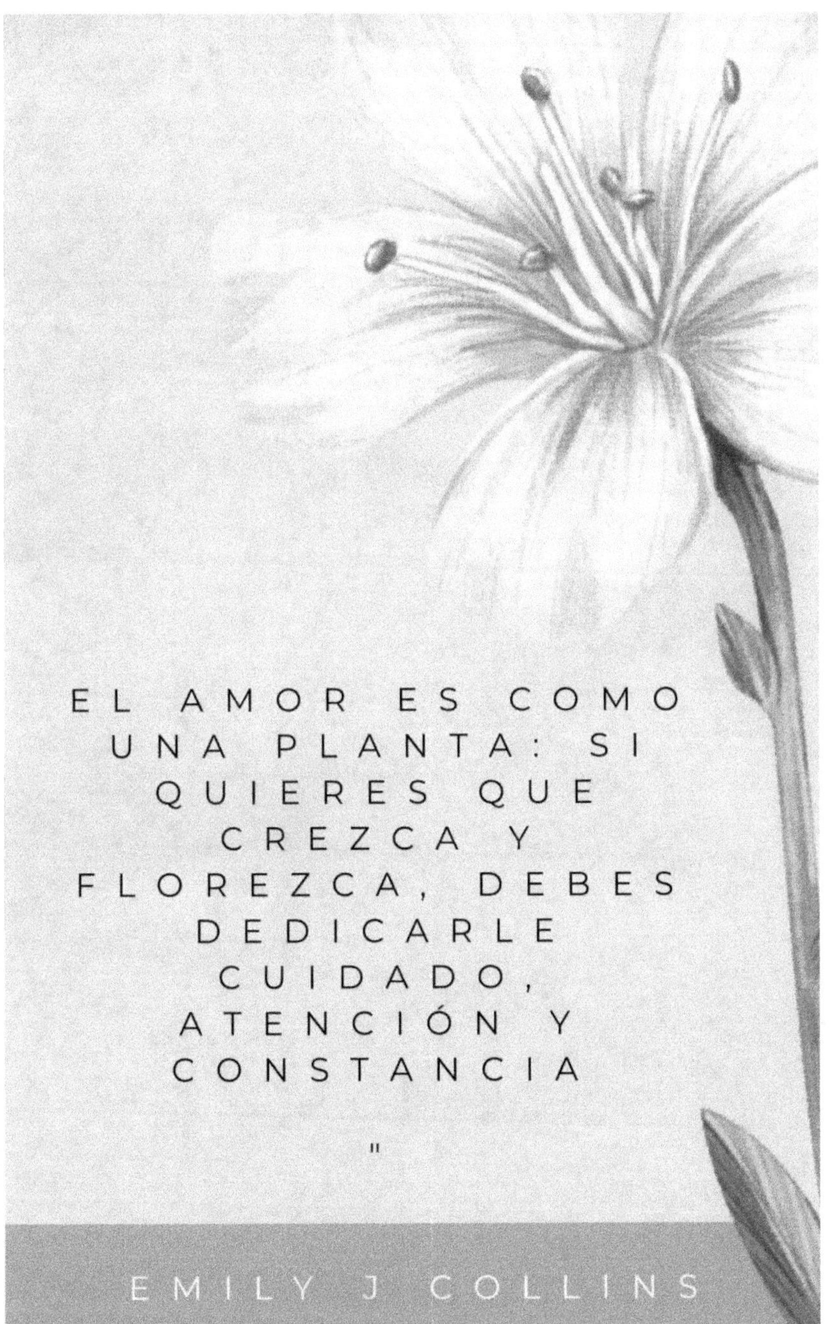

EL AMOR ES COMO
UNA PLANTA: SI
QUIERES QUE
CREZCA Y
FLOREZCA, DEBES
DEDICARLE
CUIDADO,
ATENCIÓN Y
CONSTANCIA
"
EMILY J COLLINS

Sofia Fernandez

Gracias por viajar a través de estas páginas, un viaje de emociones y reflexiones. Si ha disfrutado de esta experiencia literaria y desea seguir en contacto, estaré encantada de continuar el diálogo.

Puede enviarme sus reflexiones, preguntas o relatos a través de mi buzón de correo electrónico específico:

Emilyj.collins97@hotmail.com

Para sumergirte aún más en el mundo de las palabras, puedes seguirme en Instagram: @emilyjcollins97 .
 Aquí compartiré retazos de vida, inspiraciones diarias y, por supuesto, nuevos proyectos literarios en camino. Y si me sigues, tú también formarás parte de este increíble Mundo.

El viaje no termina aquí. Gracias por formar parte de esta aventura, y espero seguir compartiendo historias y pensamientos contigo en el futuro.

Con inmensa gratitud,

Sofia Fernandez

www.ingramcontent.com/pod-product-compliance
Lightning Source LLC
Chambersburg PA
CBHW070405200726
48294CB00003B/1099